...nos reencontrarmos sempre.

TE AMO

PRECISO DE VOCÊ

...quando o desejo e a realidade se encontram.

...um compromisso para a vida inteira.

...aproveitar juntos
as coisas simples da vida.

...saber que você é
a estrela mais brilhante no céu.

...não querer me soltar dos seus braços.

...jogar juntos o jogo da vida.

...nos enxergar sempre jovens
e atraentes ainda que o tempo passe.

...compartilhar a paixão.

...continuar apaixonados um pelo outro mesmo depois de muito tempo.

...reler um livro juntos.

...sentir o calor de nossas mãos.

...percorrer o mesmo caminho.

...um fogo que nunca se apaga.

...apreciar o pôr-do-sol.

...guardar recordações.

...olhar na mesma direção.

...estar sempre juntos.

amar è...

...passado, presente e futuro.

...o segredo da eterna juventude.

...alguém que sempre ocupa
um lugar especial em seu coração.

...dizer que você está cada dia melhor.

...relembrar os detalhes que motivaram nossa paixão.

...estar sempre confortáveis, como se estivéssemos usando nossas pantufas favoritas.

...sentir que o tempo parou para que possamos aproveitar ainda mais.

...saber que continuaremos nos amando, além do tempo.

Título original: *Liefde is... ...voor altijd samen!*
Tradução: Camélia dos Anjos
Revisão: Madalena M. Carvalho
Diagramação: Pamella Destefi

Todos os direitos reservados. Proibidos, dentro dos limites estabelecidos pela lei, a reprodução total ou parcial desta obra, o armazenamento ou a transmissão por meios eletrônicos ou mecânicos, fotocópias ou qualquer outra forma de cessão da mesma, sem prévia autorização escrita das editoras.

love is... by kim

© 2014 Minikim Holland B.V.
ImageBooks Factory B.V., The Netherlands
All rights reserved – printed in China
© 2014 Vergara & Riba Editoras S/A
www.vreditoras.com.br

Rua Cel. Lisboa, 989 – Vila Mariana
CEP 04020-041 – São Paulo – SP
Tel./Fax: (55 11) 4612-2866
editoras@vreditoras.com.br

ISBN 978-85-7683-649-0

Impresso na China

Sua opinião é importante
Mande um e-mail para
opiniao@vreditoras.com.br
com o título deste livro
no campo "Assunto".

Conheça-nos melhor em
vreditoras.com.br
facebook.com/vreditorasbr

Dados Internacionais de Catalogação na Publicação (C

C33a

Casali, Kim
  Amar é... ...estar juntos! / Kim Casali; [traduç Camélia dos Anjos]. – São Paulo: Vergara & Ri Editoras, 2014. – (Amar é...)

  Título original: Liefde is... ...voor altijd samen!
  ISBN 978-85-7683-649-0

  1. Amor – Citações, máximas, etc. I. Série.

CDD 808.8

Catalogação elaborada por Antonia Pereira CRB-8/49